AF305980

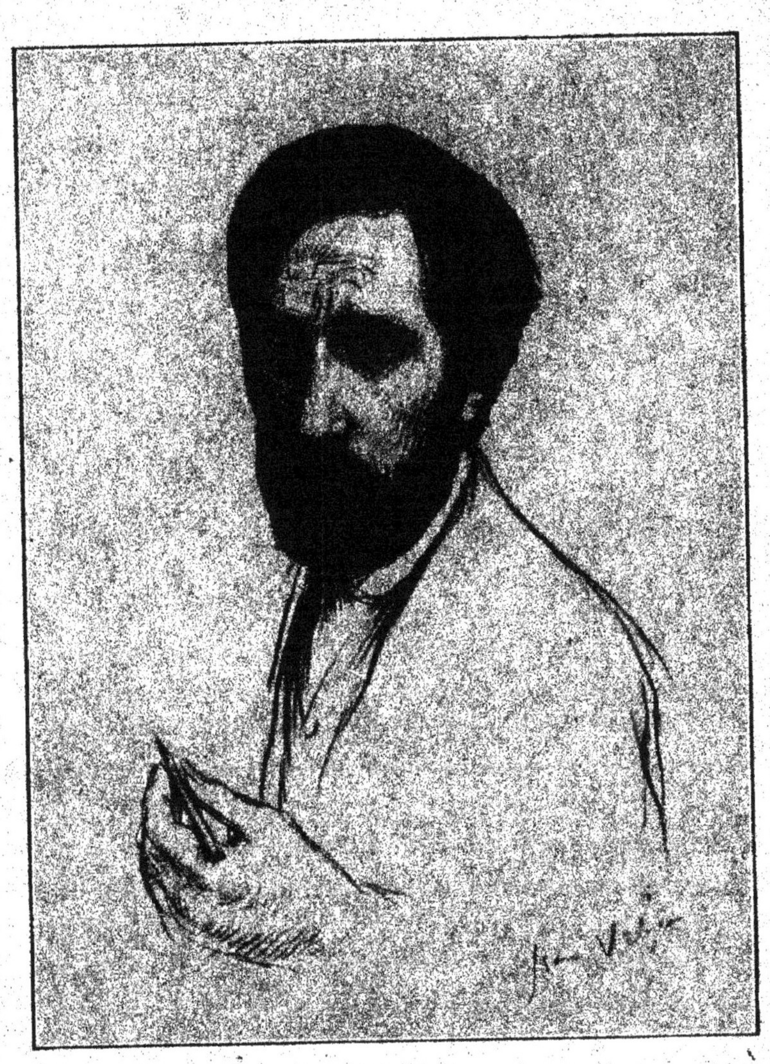

JEAN VEBER

(1864-1928)

Musée du Petit Palais

—

Paris

—

Exposition rétrospective des

Oeuvres de

Jean Veber

du 24 Mai 1930 au 24 Mai 1930.

94

117
118
119

Exposition Rétrospective

DES OEUVRES DE

JEAN VEBER

(1864-1928)

Sous le Patronage de la Ville de Paris

avec la collaboration

de la Société des Dessinateurs Humoristes.

Président : J.-L. FORAIN.
Secrétaire Général : L. VALLET.

Musée du Petit Palais

Jean Veber est né à Paris le vendredi 13 février 1864. Il était le fils d'Eugène Veber qui créa en France l'art du dessin de dentelles. Après avoir terminé ses études littéraires Jean Veber fut d'abord l'élève de Théodore Maillot puis celui de Cabanel; il fut un des brillants sujets de l'École des Beaux-Arts et frôla le prix de Rome.

La vie le détourna des concours, il partit en voyage de noces pour Biskra. Au retour il donnait au salon Saint Siméon Stylite.

Dès 1897 Jean Veber réunissait ses premières œuvres et ses dessins. Les lignes qui vont suivre signées Anatole France, présentent cette exposition et révèlent l'artiste incomparable que fut Jean Veber.

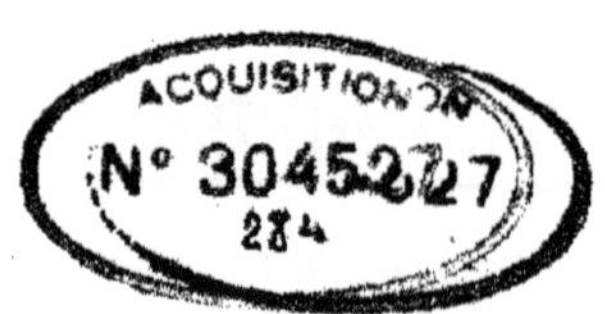

JEAN VEBER

Rassemblée, l'œuvre de Jean Veber apparaît merveilleusement diverse et variée; elle
étonne par la réunion de qualités qui d'ordinaire
ne vont point de compagnie. Et ce qu'il y a
de plus admirable, c'est que Jean Veber, en
changeant sans cesse, reste toujours le même.
Il est curieux et sincère, inquiet et ingénu,
artificieux et naturel.

Il s'est fait comme caricaturiste, une célébrité qui ne s'éteindra pas. Son crayon qu'il
emporte dans le monde politique et dans le
monde littéraire, fixe d'un trait neuf le comique
profond, quelque fois grandiose, de la figure
humaine. C'est une galerie de nos gloires, que
Jean Veber compose avec des charbonnages
augustes comme des médailles. Il marque
impérieusement ces traits du visage qui sont
les saillies de l'âme. Il n'est pas méchant, puisqu'il est poète et même sous cette lumière diabolique qui l'éclaire après avoir éclairé Rawlandson, les choses et les êtres lui apparaissent plaisants, bizarres, mystérieux, avec des effets
pittoresques et un air de fantaisie. Il est poète
et magicien.

Il a créé, dans une suite de toiles gracieuses

et splendides, tout un monde de féerie. Et comme il est peintre et qu'il a des idées de peintre, il a mis ses Nains et ses Fées dans des paysages enchantés et il nous montre en vérité ces robes de Peau d'Ane qu'on savait faites de clair de lune ou tissées de rayon de soleil, mais qu'on n'avait jamais vues avant lui. Telle de ces petites personnes surnaturelles porte un manteau de brocatelle rouge et or; ainsi que sur les panneaux pieux des quattrocentistes, les ors du manteau sont de vrais ors, et pourtant tout est clair et semble d'or, tout étincelle alentour. Il fallait donc qu'il y eût, sur la palette du peintre, de l'or aussi, de la lumière et des pierreries.

Ce dessinateur précis, ingénieux, qui s'amusait tout à l'heure à toutes les audaces de la plume et du crayon, est un coloriste habile et charmant, clair ou sombre, comme il veut, et s'en tenant s'il lui plaît aux demi-tons paisibles.

Voyez ces deux portraits, l'un de jeune garçon, l'autre de petite fille, ces portraits si calmes, si tranquilles, traités avec une souplesse et une fermeté qui réjouissent les connaisseurs. Dans le portrait seulement, Jean Veber a plusieurs manières. Ici naïf et magistral, il est ailleurs anecdotique et spirituel. Le portrait de Maurice

Donnay, par exemple, est plein d'esprit, de mouvement et de vie. C'est une biographie peinte.

Si vous me demandez après cela quel est le vrai caractère de cet artiste, si divers et changeant, je vous répondrai qu'il est toujours lui-même, étant toujours sincère et comme ingénu, jusque dans ses subtilités les plus bizarres, mais que le vrai Jean Veber c'est le peintre, celui de « l'Or » et de « l'Homme aux poupées », j'entends celui qui travaille en pleine pâte, qui d'une brosse hardie et franche vous enlève une figure, comme, par exemple, les groupes des lutteuses dans « le Bouge ».

Jean Veber est spirituel, ingénieux, plein de grâce et de poésie, original de cent façons et surtout il est peintre.

Anatole FRANCE.
1897.

*
* *

Vous vous trouverez de prime abord, en présence d'un des artistes les plus originaux de notre époque, et que je n'hésite pas, après y avoir mûrement réfléchi et sachant l'importance de ce que je vous dis là, à considérer comme le descendant et l'égal de Brueghel le Vieux, de Brouwer, de Jean Steen, ce Molière de la peinture, et de Goya, dans la partie fantastique et fantaisiste de son œuvre.

Jean Veber est un artiste qui n'a jamais fait que ce qu'il sentait, et qui, dès ses débuts a donné tout ce qu'il y avait en lui de sincère, de mordant et d'original. Chose étrange, il concourut pour Rome avec les mêmes moyens d'expression et la même vision que dans les toiles où il nous montre les plus satiriques allégories ou les plus moqueuses constatations. Et si par un de ces hasards comiques dont la vie abonde, il avait eu le prix de Rome, il serait revenu de la Villa Médicis avec des Géantes, des Culs-de-jatte, des petites rosses de femmes et de cuistreux tout comme ceux qu'il nous montre maintenant qui font notre joie.

Son début au salon fut, je crois (ou du moins ce fut une de ses premières toiles), un *Saint-Siméon Stylite*, qui était traité exactement de la même façon que sa *Fête de Neuilly*. Et après tout, n'est-ce pas une façon plausible d'écrire l'histoire? Il est fort possible qu'avec la candeur de tous les vrais satiriques, Jean Veber ait été très étonné alors de ne pas recevoir les félicitations de l'Institut et de n'être pas commenté à la Sorbonne.

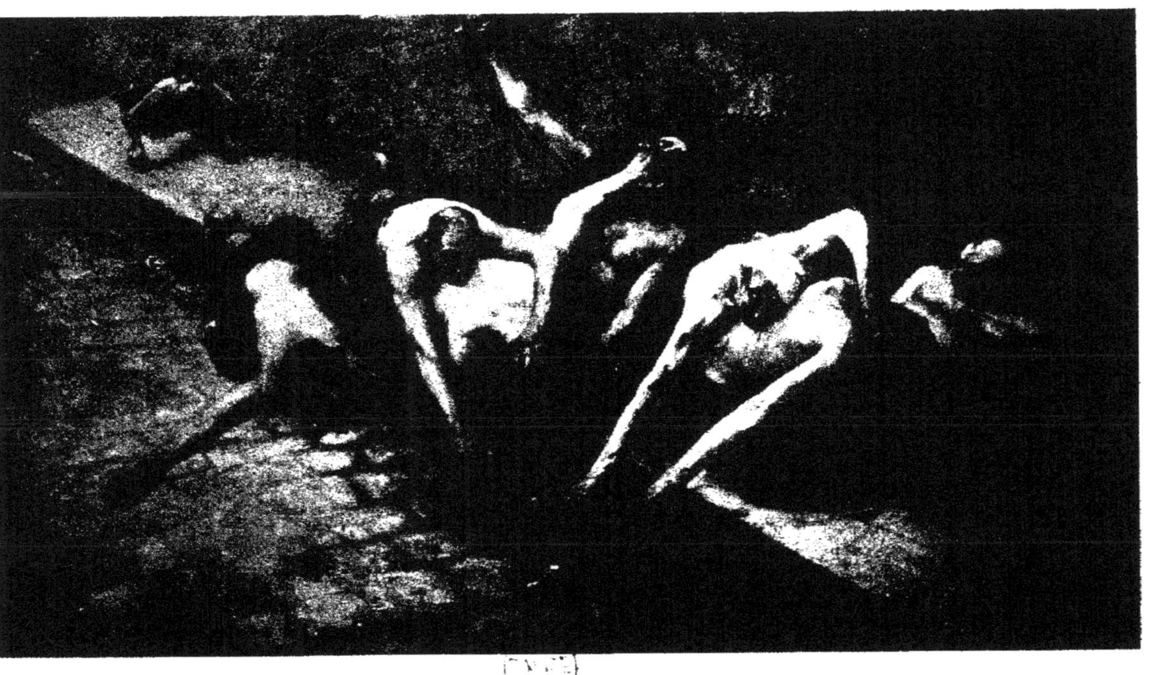

Les Culs de Jatte.
(Musée de Lille).

Mais il avait heureusement bien d'autres choses à nous dire et de meilleures à faire que de s'enliser dans le rétrospectif. Le fantastique est autrement plus vaste et plus souple, et la vie fourmille des mêmes symboles que l'histoire, avec pas mal d'autres en plus.

En compagnie de son frère Pierre, Jean fit paraître pendant quelque temps les mordantes chroniques des Veber's. En même temps il s'exerçait comme peintre en étudiant chez eux quelques contemporains notoires. De petites peintures précieuses nous montraient *Brunetière* ouvrant un large bec, *Anatole France* parmi ses bouquins et ses bibelots, *Marcel Schwob*, sur un fond d'or enrichi de gouttes de sang, etc.

Puis bientôt vinrent, avec les premières expositions de la Société Nationale des Beaux-Arts, les véritables sujets où il devait se complaire et triompher : les peintures de mœurs où la vie réelle confinait au comique des rêves, et les allégories jaillies des faits, des événements ou des aspects les plus indéniables de l'humanité et de la nature.

Parmi les premières de ces œuvres symboliques, l'*Homme aux Poupées* est une des rares, peut-être la seule, où la figure soit de grandes dimensions, car Jean Veber a aussi le mérite peu commun dans l'art de notre temps, de prouver que l'on peut dire des choses importantes dans un format modéré, alors que tant de peintres encombrent les Salons de vastes compositions qui ne sont que l'hypertrophie de quelque constatation banale ou de quelque mise en scène conventionnelle. Cet « homme aux poupées », les prenant tour à tour et les interrogeant et les abandonnant toutes sans autre résultat que de devenir à chacune plus sombre et plus anxieux, était déjà un valable essai d'allégorie moderne.

Le féroce (1) *Combat des Culs-de-jatte*, autour d'une pièce d'or, était d'une portée plus haute, d'une philosophie plus acerbe, et d'un accent singulièrement mordant. La sauvagerie de la vie fut rarement résumée en une plus terrible image, et il suffit d'y songer pour ne pas trouver excessive ma comparaison avec Goya.

Parfois, l'imagination de Veber s'ébattait en caprices moins véhéments, en hallucinations d'un genre plus enjoué, et les scherzi sont chez lui très voisins des fantaisies de Henri Heine. Les maisons d'une place de village, dans une toile, qui frappa vivement le public, prennent, rien que par leurs fenêtres et leurs portes, l'expression de visages burlesques ou menaçants.

---

(1) Ce tableau est au Musée de Lille.

Dans un tableau de riche couleur, maintenant au Luxembourg, des gnomes sortant du sol d'une forêt — où, soit dit en passant, le peintre montre combien l'ont vivement frappé les aspects de la pure nature — épouvantent et narguent une petite princesse égarée, avec sa couronne et sa belle robe, pendant une promenade imprudente.

Et l'on conçoit sans peine que Rostand lorsqu'il a voulu faire décorer à Cambo une pièce où apparaîtraient les contes de fées, se soit adressé à celui qui sentait si bien le conflit du burlesque et de la grâce, qui est l'âme même de ces récits.

L'allégorie prit au fur et à mesure, une ampleur et une éloquence particulières. C'était la *Machine*, le formidable outillage moderne, créateur d'autres machines et broyeur d'hommes.

C'était la *Géante*, la plantureuse Marianne, paresseusement vautrée sur le sol. C'était encore la promenade triomphale de *Madame l'Oie*, chamarrée de toutes ses décorations et de tous ses insignes, à travers la ville où les électeurs l'acclament et où les rêveurs eux-mêmes sont contraints de suivre tristement le cortège.

C'était une magnifique protestation qui sera

conservée un jour dans les archives de l'humanité, le *Boucher*, (1) Bismarck avec ses dogues, tabliers et coutelas au ventre, sur le seuil de sa boutique, où ces corps humains pendent aux crocs de l'étal. Souvent aussi « la Fortune » fut de la part de l'artiste, l'objet de recherches d'allégories nouvelles.

Rien que cette partie de son œuvre suffirait à montrer l'étendue de son esprit, la richesse de ce talent. Mais il y a encore tout un surprenant kaléidoscope de spectacles de la vie de nos jours, où le comique involontaire des gens est saisi au vol et fixé de la façon la plus incisive, où les travers sont fustigés d'une main légère. On se pâme à des musiques mondaines, on se livre à des flirts passionnés et risibles, on admire chez la *Modiste*,' les extravagances des chapeaux, les belles de nuit défilent dans les restaurants à la mode. Une peinture d'une grande importance physionomique retraça avec un comique et une vérité qui donnaient le frisson les types de joueurs et de joueuses autour d'un tapis vert de ville d'eaux. (2)

---

(1) Ce tableau est au Musée de Buenos Ayres.
(2) Casino de frontière (le jeu à Biarritz 1904).

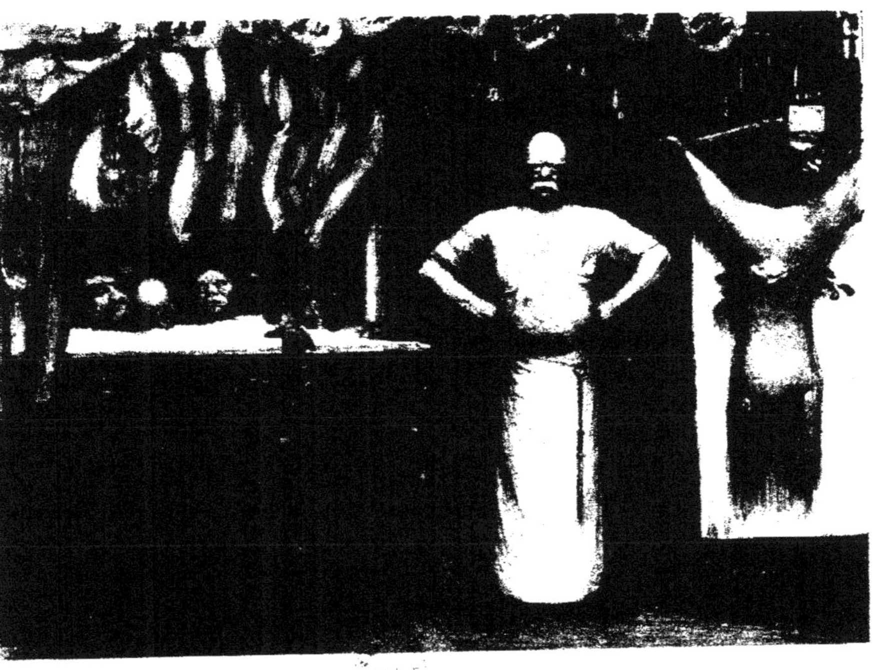

Bismarck.

(Musée de Buenos-Ayres).

Pourtant, çà et là, dans ce multiple spectacle de la vie, fleurissait une note attendrie et gracieuse pour nous rappeler cette loi : que la satire est, au fond, l'exaspération de la bonté.

Tout à l'autre bout de la société Jean Veber opposa souvent aux élégantes hystériques des citadins, la vie, les ébats, les passions massives des ruraux.

Il suffit de rappeler les plantureuses idylles, les raclées de cultivateurs jaloux, les trépignées de commères de villages, les joies de famille des chaumières, la beauté antique des « *fortes populations de la Haute-Savoie* ».

En ces derniers temps, l'observateur nous a raconté les grands événements, les procès à sensation, les séances plus particulièrement hurlantes de notre Parlement, et tout cela toujours de cette façon personnelle, inimitable, avec ce dessin si savant, mais si libre, si bien choisisseur des seuls traits expressifs et avec cette couleur rare, cette recherche quasi hollandaise de la matière qui donne à ses peintures leur valeur d'objets d'art. Il faudrait ajouter à cette « ample comédie en cent actes divers » tout un œuvre de lithographie qui tantôt prépare l'œuvre du peintre, tantôt en déborde en bouillonnant.

Mais je veux arrêter là ce sommaire, quoique
à peu près complet croquis de cette œuvre qui
nous venge de bien des sottises, et de cet homme
qui par sa qualité d'esprit et la fierté de sa verve,
fait grand honneur à son art et a mérité l'es-
time des honnêtes gens.

Arsène ALEXANDRE.
1911.

*
* *

Jean Veber était un violent ennemi de l'op-
pression et de l'injustice. La guerre du Trans-
vaal, la lutte des Turcs contre les Arméniens,
les menaces de la République envers les congré-
gations, lui avaient suggéré des peintures, des
lithographies et des dessins où le fouet claquait
et cinglait.

Dès la déclaration de la guerre, il endossa
l'uniforme de caporal d'active précieusement
conservé depuis son volontariat et gagna sur
les champs de bataille ses galons d'officier, la
médaille militaire, la Légion d'honneur.

Les estampes de la guerre fixent le souvenir
de la vie des tranchées, qu'il mena pendant
quatre ans, et les campagnes auxquelles il prit

part : Mamey, Vauquois, Bouchavesnes, Le Bois-des-Buttes.

Après la guerre, il se remit au travail et termina la série des tapisseries, des contes de fées, dans une exaltation magnifique.

Il mourut le 28 novembre 1928, laissant le souvenir d'une des plus belles figures d'homme d'artiste et de soldat, dont un pays puisse s'enorgueillir.

Louis LACROIX.

(Extrait de son livre sur *Jean Veber*.)
1929.

Œuvres
de JEAN VEBER

1. **Saint Siméon Stylite.**
« Du haut de la colonne où il passa trente années de
« sa vie, le saint guérissait les ladres, les punais, les
« scrofuleux, les malingres et les goutteux. »
Exposé au Salon des Artistes français, en 1892.

2. **L'Homme aux Poupées (1896).**
Appartient à Mme Chollet.

3. **La Machine (1902).**
Collection J. V.

4. **Le Diable par la queue (1912).**

5. **Les lutteuses.**
Collection de M. J. F. V.

6. **Bataille de dames.**
Collection de M. J. F. V.

7. **Dagyde (1907). (Scène d'envoûtement dans
le Sud Oranais.)**
Collection J.F.V.

8. **Madame l'Oie (1901).**
Collection de M. Charles Pacquement.

9. Adam et Eve.
   Appartient à M. Petit-Didier.

10. La fortune qui danse.
   Appartient à M. Gamburg.

11. La grosse fortune.

12. La bourse.
   Collection J. V.

13. La fortune poursuivie.
   Collection J. V.

14. Le peintre et son modèle.
   Collection de M. Louis Lacroix.

15. Jaurès.
   Appartient à M. L. A.

16. La discussion politique.
   Collection de M. Charles Pacquement.

17. Pasiphaé.
   Collection J. F. V.

18. Faunesse.
   Collection J. V. .

19. Le retour du pochard au logis.
   Collection de M. Mercier.

Les Joies de la Famille

20. La naissance.
    Collection de M. Mercier.
21. La toilette de l'enfant.
    Collection de Mme Pierre Peugeot.
22. La bouillie.
    Appartient à M. N.
23. La chaise.
    Appartient à Mme I.
24. Scène de ménage.
    Appartient à M. N.
25. La correction conjugale.
    Collection J. F. V.
26. Le bas de laine.
    Collection J. V.

Scènes Villageoises

27. Les plaisirs du dimanche.
    Collection J. V.
28. La Barbière.
    Collection J. F. V.
29. L'arracheuse de dents.
    Appartient à M. Gamburg.

30. **La dispute au village.**
   Appartient au docteur M. R. Dreyfus.

31. **Les trois bons amis.**
   Appartient à la Ville de Paris.

32. **Les petits buveurs.**
   Appartient à Mme Louis Dupont.

33. **La sortie du cabaret.**
   Appartient à M. C.

34. **Le philosophe.**
   Collection J. V.

35. **Les fortes populations de la Haute-Savoie.**
   Collection J. V.

36. **Fermentation.**
   Collection J. V.

37. **Les Commères.**
   Appartient à M. N.

38. **Les trois barbus.**
   Appartient au docteur M. R. Dreyfus.

39. **Au cabaret.**
   Collection J. F. V.

40. **La gifle.**
   Collection J. F. V.

41. L'oie savante.
   Appartient à Mme J. J.
42. La fête de Neuilly.
   Collection J. V.
43. Les joueurs de cartes.
   Appartient au docteur M. R. D.
44. Les trois âges de la vie.
   Collection J. V.

Comédie humaine

45. Casino de frontière. (Le jeu à Biarritz, 1904). Portraits connus.
   Appartient à M. Promis Castillon.
46. Le voyage en automobile, Pancorbo (Espagne).
   Appartient à M. Henri Joly.
47. La soirée bourgeoise (Divinité du Styx).
   Collection J. V.
48. La leçon.
   Appartient à M. Alexandre Roth.
49. La soirée musicale. (La mort de Tristan.)
   Appartient à Mme J. I.
50. La loge de Madame H. à l'Opéra.
   Appartient à M. Charles Pacquement.

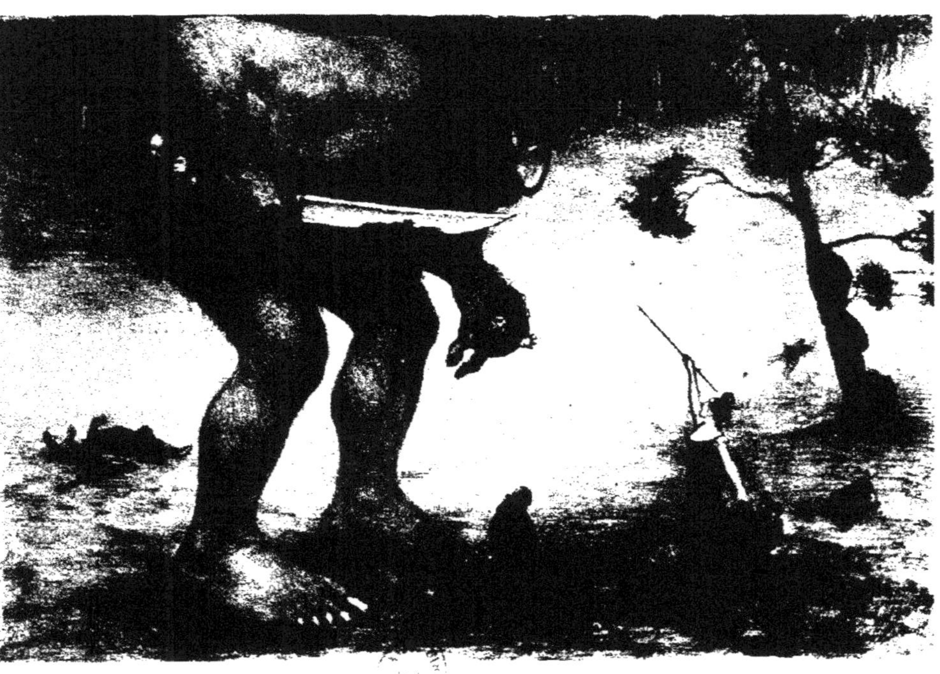

Le Géant.

(Collection de S.A. le Prince de Monaco).

51. La cariatide.
   Collection J. V.

52. Le ménage à la mode.
   Collection J. V.

53. Le flirt.
   Appartient à Mme Louis Dupont.

54. Les mannequins.
   Collection J. F. V.

55. La modiste.
   Collection J. V.

56. Cabinet particulier.
   Collection J. V.

57. Le Café de Paris.
   Collection de M. Allard.

58. Au casino de Biarritz.
   Collection J. V.

59. Le péché consommé.
   Appartient à M. Emile Mayen.

60. Le pianiste (Galston).
   Collection J. V.

61. Cour d'Assise (le procès S.).
   Appartient à M. N.

62. Le témoin (le procès S.).
   Appartient à M. C.

63. L'avocat (le procès S.).
Appartient à M. C.

64. Le mariage de raison.
Appartient à M. Henri Clinchant.

Scènes d'intimité

65. Les comptes de la cuisinière.
Appartient à M. Emile Mayen.

66. La dictée.
Collection de M. Mercier.

67. Pyjama.
Collection J. F. V.

68. La leçon de piano.
Collection J. V.

Contes de Fées

69. Les maisons sont des visages.
Collection J. F. V.

70. L'oiseau bleu.
Collection J. F. V.

71. Peau d'Ane.
Collection J. F. V.

72. La fée aux mouettes (pastel).
Appartient à M. J. Noulens.

73. Le monstre.
Appartient à Mme Louis Dupont.

74. La princesse qui danse (pastel).
Collection J. F. V.

75. Le déménagement de la Sorcière.
Collection J. F. V.

76. La Reine Mab.
Appartient à M. C. Mercier.

77. La roche qui pleure.
Collection J. V.

78. Le bal des javelles.
Appartient à M. N.

79. La cité dormante.
Appartient à Mme J. I.

80. La sorcière au sabbat.
Collection J. V.

81. Déclaration (sous un champignon).

82. Le voyage de Barbouillotte.
Collection Charles Berque.

83. Le voyage de la Princesse (pastel).
Appartient à M. L.

84. Le char de Cendrillon (aquarelle).
   Collection J. V.

85. Peau d'Ane (aquarelle, esquisse fresque
   « Arnaga »).
   Appartient à Mme Louis Gillet.

86. Les nains (aquarelle).
   Collection de M. Charles Pacquement.

Paysages-esquisses

87. Les vierges folles.
   Collection J. V.

88. Les géraniums.
   Appartient à M. Edouard Rumeau.

89. Paysage.
   Collection J. V.

90. La guinguette (esquisse décoration à l'Hôtel de Ville).
   Appartient à M. Bils.

91. Nausicaa (esquisse du concours de Rome,
   1888).
   Appartient à M. Rumeau.

92. Princesse lointaine.
   Collection J. V.

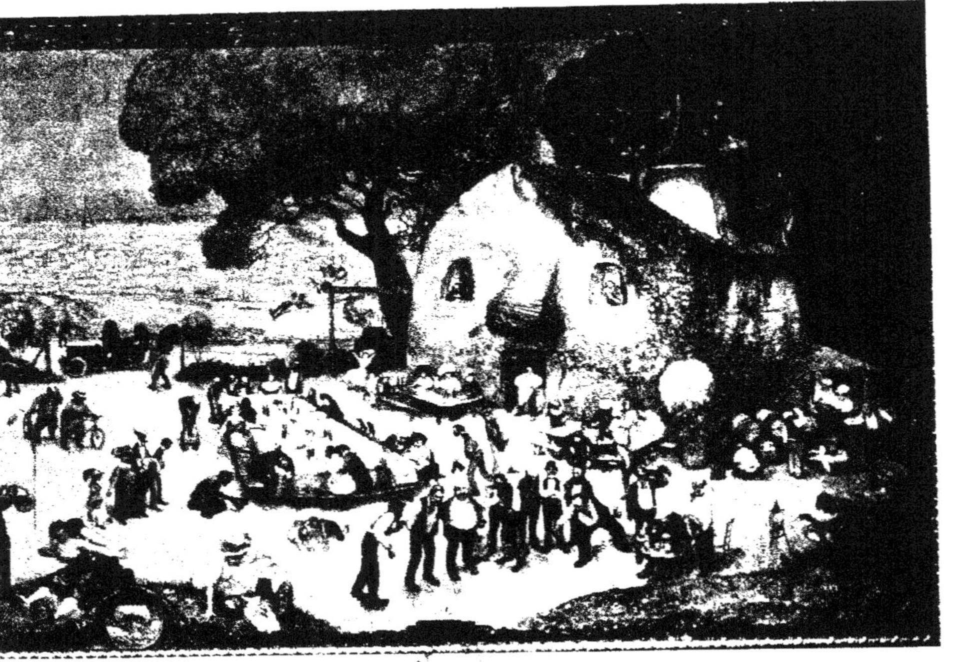

La Guinguette.

(Fragment de la décoration à l'Hôtel-de-Ville.)

93. Saint Siméon Stylite (esquisse).
   Appartient à M. Lucien Fontaine.

Portraits

94. Anatole France.
   Appartient à M. Mercier.
95. Marcel Schwob.
   Appartient au docteur Sanjurgo.
96. M. Maurice Donnay.
97. Monsieur Noulens, ambassadeur de France.
98. Brunetière.
99. Monsieur Stiegler.
100. Pierre Veber.
101. Monsieur Charles Pacquement.
102. Mademoiselle A. Tougard de Boismilon.
103. Monsieur Eugène Veber.
104. Madame Eugène Veber.
105. Madame J. V.
106. Monsieur Charles Armengaud.

Lithographies

107. Madame Jacques Ibert.
108. Jean Veber, au regard perçant (lithographie).

109. Jean Veber.

110. Jean Veber 1913 (lithographie).

111. Jean Veber 1918 (lithographie).

112. Bismarck.

113. Les culs-de-jatte.

114. Les sorcières en tandem.

115. L'araignée.

116. La grande misère.

117. Frontispice de la partition de *Thaïs*.

118. Athanaël.

119. Thaïs (aquarelle).

120. La marche à l'Étoile.

121. Sancta Virgo.

122. La petite famille des culs-de-jatte.

123. Les aveuglés.

124. Les revenants.

125. Les petits buveurs.
     Appartient à M. Guillaume.

126. L'interview.

127. Quatre lithos pour la *Nichina* d'Hugues Rebell.

128. La géante.

129. L'ennui.

130. Le beau navire.
     (*Baudelaire*, des Cent bibliophiles..

131. Le souper chez Durand.

132. Les cinq doigts de la main.

133. Les joueurs de cartes.

134. Les trois barbus.

135. Le dentiste.
     Appartient à M. Noulens.

136. La meneuse de tortue.

137. La leçon.
     Appartient à Mme Bouchard.

138. Le père la Chicaille.
     Appartient à Mme Bouchard.

139. La fortune négresse.

140. Le géant.
     Appartient à M. Bernard Rumeau.

141. Léandre.
     Appartient à M. Rumeau.

142. Les courses à Auteuil.
     Appartient à M. Noulens.

143. Le diable dans la marmite.

144. La dame inexorable.

Dessins

145. Le petit souper.
Appartient à M. Noulens.
146. Pasiphaé (grand dessin).
147. Enlèvement d'Europe.
148. Cul-de-jatte (sanguine).
149. Étude de dos (sanguine).
150. Cul-de-jatte (sépia).
151. Kruger soulevant le monde.
152. La mine d'or (gouache).
153. Bataille de culs-de-jatte (pastel).
154. La cage d'or.
155. Le mariage d'Ardant le chevelu.
156. Ardant et son cheval casqué.
157. Abdul Hamid.
158. Nu (sanguine).
159. La princesse Jolie-Mine.
160. La poignée de main du Président.
161. La moisson : la meule (sanguine).
162. La moisson : la charrette (sanguine).
163. La moisson (sanguine).
164. L'Humanité.
165. La correction conjugale.

166. La dictée.
167. Tendres soins.
168. Baccara (croquis pour le jeu de Biarritz).
169. Le cheval rétif.
170. La toilette de Bijou.
171. Le maréchal ferrand.
172. Le cheval ferré.

Dessins de Famille

173. La mère de l'artiste tricotant (encre de chine).
174. La mère de l'artiste lisant (sanguine).
175. La mère de l'artiste lisant à la loupe (plume).
176. La mère de l'artiste dormant (sanguine).
177. La mère de l'artiste profil (sanguine).
178. Le père de l'artiste (sanguine).
179. Le père de l'artiste (litho).
180. Mme J. V. à son petit secrétaire.
181. Mme J. V. à l'harmonium.
182. Rosette (sanguine).
183. Claude (litho).
184. Nino (litho).

Tapisseries des Gobelins

185. La belle au bois dormant.

186. L'ogre.

187. Cendrillon.

Tapisserie Roland

188. L'oiseau bleu.
Collection J. F. V.

Lithographies de la Guerre

189. Ah, j'en ai vu !

190. Le blessé.

191. La censure pendant la guerre.

192. Le petit fusil de bois.

193. Marmite, pot de fleurs, etc.

194. Mamey.

195. Max Doumic.
Appartient à Mme Louis Gillet.

196. La cagna.
Appartient à M. Rumeau.

197. Les hommes de soupe.

198. Bouchavesnes.

199. Sous la mitrailleuse boche.

200. Mitrailleuse en action (Somme). L'auteur s'est représenté à sa mitrailleuse.

201. Ce serait le filon si ce n'était pas la guerre.

202. La grosse Bertha.
203. L'âme des mères voltige autour des com-
     battants.
204. Le prisonnier.
205. Le boche du boyau de Dantzig.
206. Les nouvelles de la guerre.
207. Face à face.
208. Les gaz.
209. Pauvre soldat, tu n'es bien accueilli que
     par les pauvres.
210. La croix de guerre.

Livres

211. Les Veber's.
212. La joviale comédie, Les VEBER's.
213. Ardant le Chevelu, Dame YETTE.
214. Djéta et Maknem, P. SELK.
215. Les mille et deux nuits, Félix DUQUENEL.
216. Mimes, Marcel SCHWOB.
217. Jean Veber, Louis LACROIX.

Lithographies

218. Le nu frileux.
219. La ribaude.
220. La sortie de bain.

221. Eve.

222. Modèle renversé à droite.

223. Modèle renversé à gauche.

224. Modèle au miroir.

Une épreuve de chacune de ces lithos figure à la Bibliothèque Nationale.

225. Modèle sur un divan.

226. Modèle assis sur un canapé.

227. Modèle les bras levés.

228. La danse devant les nains.

229. Le sergent noir.

Appartient à M. Henri Clinchant.

230. Portrait de Suzanne.

231. Portrait de Jacques.

232. Portrait de Mme R. D.

233. Chauvry.

234. Chauvry.

ART ET CURIOSITÉ

L'œuvre de Jean Veber

La Société des dessinateurs humoristes vient d'organiser au musée municipal du Petit-Palais une exposition rétrospective de l'œuvre de Jean Veber. Cet hommage était mérité. Peu d'artistes ont réuni des dons aussi rares et se sont montrés créateurs dans les genres les plus opposés. Une intelligence subtile vivifiait toutes ses productions, et, bien qu'on se soit plu à voir en lui un petit-fils des Breughel, des Brauwer, des Jean Steen, il ne ressemblait à nul autre.

Comment croire, en effet, que le satirique cinglant de la *Boucherie bismarckienne*, de la *Bourse* ou du *Jeu à Biarritz*, et des deux ou trois pièces où figure Jaurès ait pu être en même temps le portraitiste attendri d'Eugène Veber, de Mme Jean Veber, le portraitiste spirituel et pénétrant de Maurice Donnay, d'Anatole France, de Marcel Schwob, de l'ambassadeur Noulens ou de notre confrère Stiegler? Qui se douterait que l'observateur incisif et brutal à qui l'on doit les *Lutteuses*, les *Culs-de-jatte*, les *Scènes villageoises* et tant de notations agressives de la vie bourgeoise ait su, dans ses compositions destinées à la buvette de l'Hôtel de Ville ou dans les *Contes de fées* interprétés en tapisserie par nos manufactures nationales, allier un sens de l'humour aussi fin aux imaginations les plus fraîches? Et cependant, cela est. Jean Veber a une place à part, et créée par lui pour lui seul, dans l'histoire de la caricature. Il s'en est fait une, non moins brillante, en peinture, et cet artiste si rare s'est doublé d'un soldat héroïque.

Il faut voir cette exposition. Elle vous consolera par sa nouveauté de toutes les redites dont l'art contemporain nous accable. — T.-S.

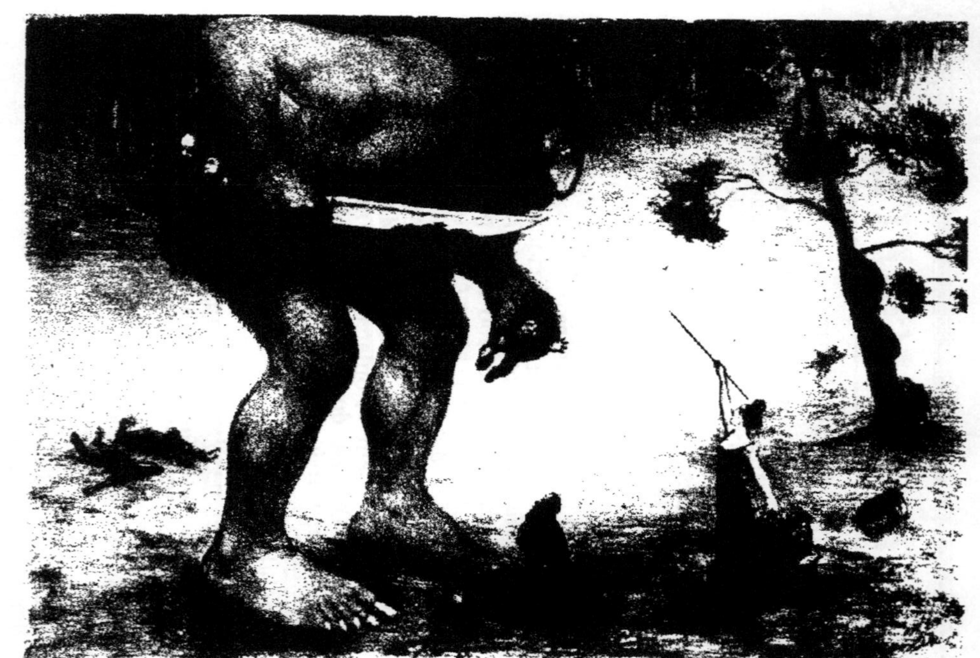

LE GÉANT (Collection de S. A. le Prince de Monaco)

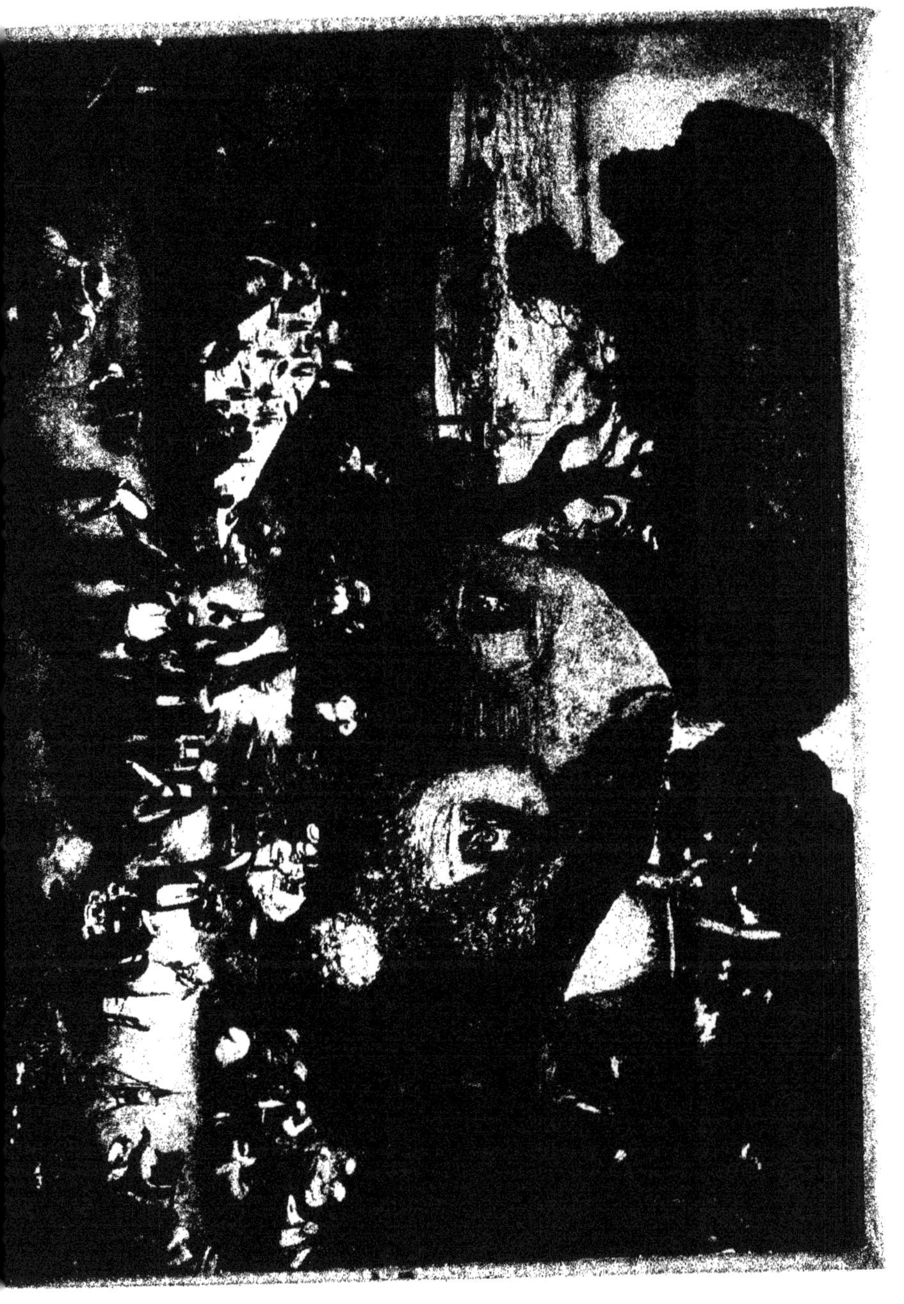

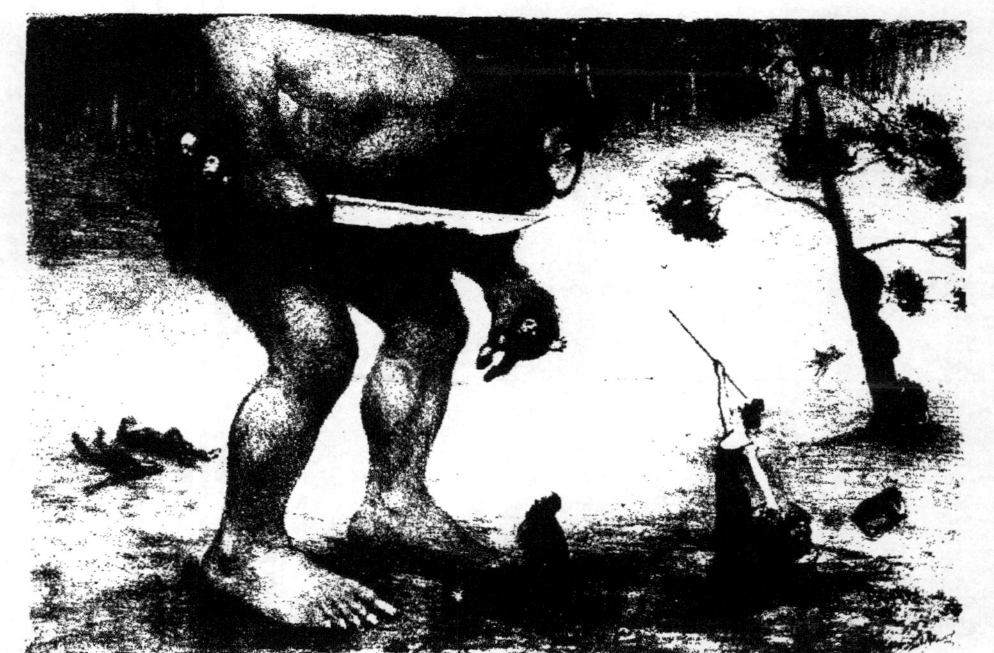

LE GÉANT (Collection de S. A. le Prince de Monaco)

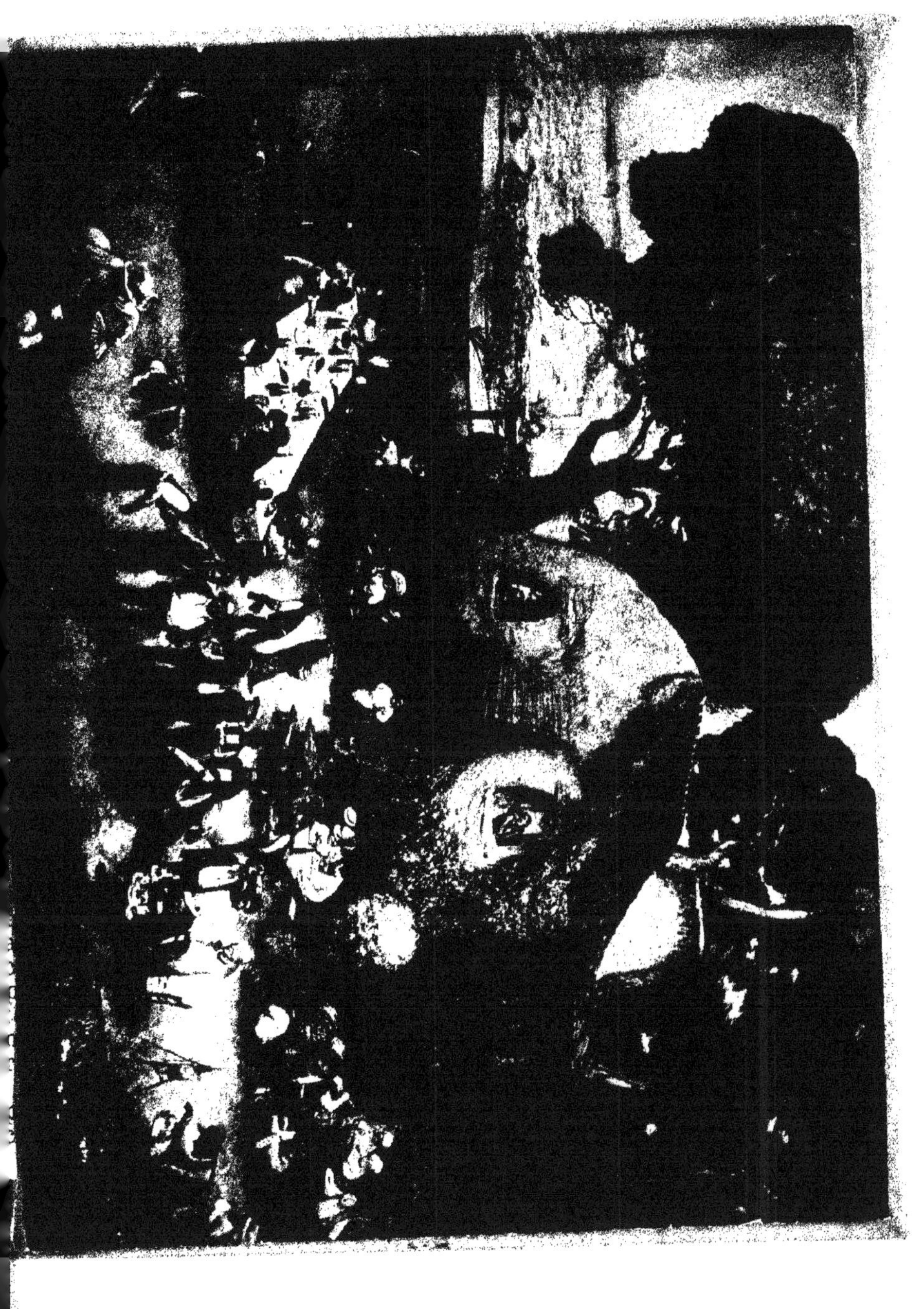

Jean Veber
né à Paris le 13 Février 1864
mort à Paris le 28 Novembre 1928

Jean Veber,
né à Paris le 13 Février 1864.
mort à Paris le 28 Novembre 1928.

LEROY
HERVÉ
BAILLE
PARIS

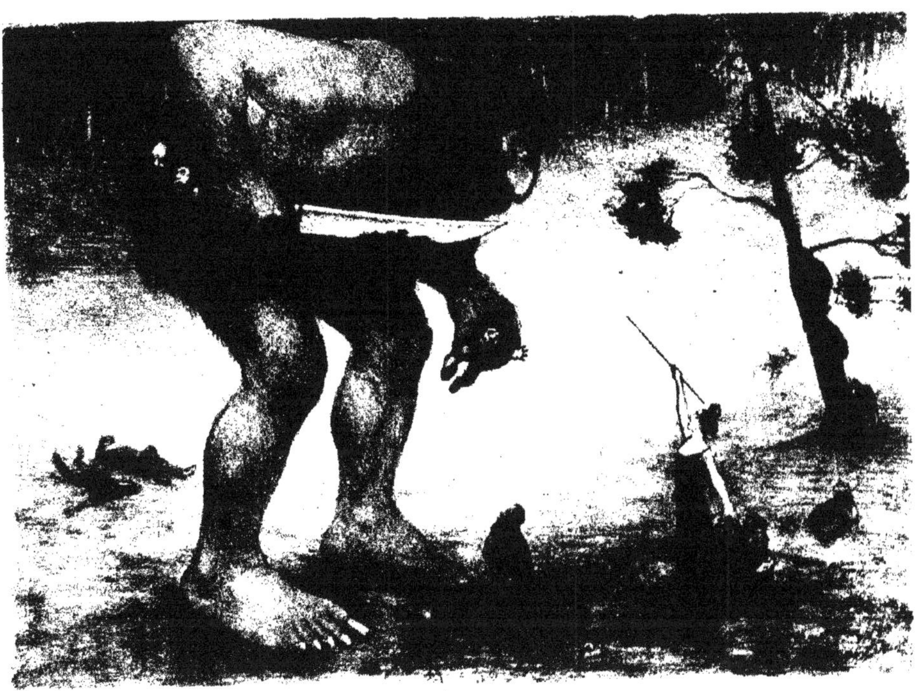

LE GÉANT (Collection de S. A. le Prince de Monaco)

A cette exposition, vous trouverez le catalogue complet des œuvres de **JEAN VEBER,** enrichi de reproductions de tableaux, d'une préface d'**Anatole FRANCE,** d'un article d'**Arsène ALEXANDRE** etc...

Sont exposés :

Les Tapisseries des Gobelins
    (Les Contes de Fées)

Les Suites :
    Les Joies de la Famille
    Les Scènes Villageoises
    La Comédie Humaine

Portraits de Personnalités
    contemporaines

Paysages

Esquisses

Lithographies

etc...

MUSÉE DU PETIT PALAIS

(Porte Angle Champs-Élysées)

Exposition Rétrospective des

Œuvres de

JEAN VEBER

(1864-1928)

du 24 Mai au 24 Juin 1930

organisée sous le patronnage
de la VILLE de PARIS
avec le concours de la Société
des Dessinateurs - Humoristes.

Ce petit portrait d'Anatole FRANCE fut exécuté l'année qui suivit la publication de son roman de Thaïs. Les séances, une quinzaine, eurent lieu dans un petit appartement au cinquième étage d'une maison de la rue de Sontay. (129)

Anatole FRANCE était alors en instance de divorce et disait à ce propos: Les hommes attribuent de l'importance à des choses qui n'en valent vraiment pas la peine.

Ces séances avaient lieu dans la matinée. Dans la lutte sournoise qu'est le travail d'un portrait, mon modèle était plein de complaisance et excellait à donner à son peintre l'expression la plus caractéristique de son visage.

Il parlait presque tout le temps. Son élocution était rapide et embarrassée, balbutiante, mais ses propos étaient étincellants d'esprit. Il aimait à parler de St François d'Assise, il en parlait avec un lyrisme familier et narquois qui n'excluait pas le respect.

Souvent j'amenais avec moi mon frère Pierre et tandis que préoccupé par mon travail je m'escrimais sur ma toile, j'assistais à une joute d'esprit merveilleuse.

Cette petite toile fut exposée au Cercle Volney et à l'Exposition internationale à Venise.

Jean VEBER

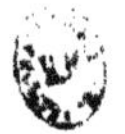

Cette note m'a été communiquée par
Monsieur C. Mercier, 11 rue Docteur Marié,
Le Thôr, à qui elle fut adressée par
Jean Veber, et qui possède l'original
du tableau.
Monsieur Mercier avait prêté le portrait
d'Anatole France à "l'Exposition rétrospective
des œuvres de Jean Veber au Musée du Petit Palais
(24 Mai - 24 Juin 1930) où il figurait sous le N° 94.